TITO, MARÉCHAL ET PRÉSIDENT DE YOUGOSLAVIE

Destins croisés d'un homme et d'un État

Par Pierre Brassart
Sous la direction d'Aurélie Le Floch

50MINUTES.fr

TITO, MARÉCHAL ET PRÉSIDENT DE YOUGOSLAVIE

- **Naissance ?** Le 7 mai 1892 à Kumrovec en Autriche-Hongrie (actuelle Croatie)
- **Mort ?** Le 4 mai 1980 à Ljubljana (Slovénie)
- **Fait marquants ?**
  - Héros de la résistance yougoslave et pourfendeur des nazis
  - Unification de la Yougoslavie sous un régime communiste
  - Création du mouvement des « non-alignés » et reconnaissance des minorités

Josip Broz, plus connu sous le pseudonyme de « Tito », fait partie des personnalités qui auront le plus influencé, et le plus longtemps, le destin d'un État européen durant le XXe siècle. Durant 35 ans, de sa prise de pouvoir en 1945 à sa mort en 1980, il a dicté la politique de la Yougoslavie, État aujourd'hui disparu. Peu d'hommes politiques peuvent se vanter d'avoir résisté à Hitler sur leur propre sol durant toute la Seconde Guerre mondiale, pour ensuite l'emporter, et de s'être à la fois opposés ouvertement à l'URSS de Staline dans les débuts de la guerre froide, sans pour autant accepter de rejoindre le camp occidental.

En effet, Tito a été l'un des créateurs du mouvement des non-alignés, organisation née en 1961 et rassemblant les pays qui ne se rattachaient à aucune des deux puissances antagonistes qu'étaient alors les USA et l'URSS. Il est aussi devenu le secrétaire général de cette organisation, de sa création jusqu'en 1964. La Yougoslavie de Tito sera ainsi, durant toute la guerre froide, le seul pays européen membre du mouvement des non-alignés.

En 1980, la mort de Tito sonnera le glas de ce pays qui ne lui survivra qu'une dizaine d'années, avant de se désintégrer durant une décennie de guerre fratricide entre les différentes républiques qui le composaient.

BIOGRAPHIE

Tito en 1961.

Le 7 mai 1892, dans une Croatie qui fait encore partie de l'Empire austro-hongrois, un garçon du nom de Josip vient au monde. Il est le septième enfant de la famille Broz, son père est croate et sa mère slovène. Il va grandir dans un monde en pleine mutation, tant du point de vue économique que politique.

SOLDAT DE L'ARMÉE AUSTRO-HONGROISE

La vie paysanne l'empêche de suivre assidûment les cours. Ainsi, Josip abandonne l'école à 12 ans et, trois ans plus tard, quitte son village natal pour se rendre en ville où il travaille comme apprenti métallurgiste dans une usine. Au sein de cette entreprise, il découvre les mouvements ouvrier et syndicaliste. En 1911, âgé de 19 ans, il entame un voyage de deux ans à travers les empires austro-hongrois et allemand. À la même époque, les deux guerres balkaniques déchirent le Sud de la péninsule du même nom. À la fin de l'année 1913, Josip Broz est appelé sous les drapeaux afin d'effectuer son service militaire dans l'armée austro-hongroise. Choisi pour suivre l'entraînement de sous-officier, il le termine avec le grade de sergent.

LES GUERRES BALKANIQUES

En 1912, la Ligue balkanique, formée par les royaumes chrétiens de Serbie, Bulgarie, Grèce et Monténégro, déclare la guerre à l'Empire ottoman. Celui-ci sort tout juste d'une guerre avec l'Italie qui l'a affaibli et lui a fait perdre, entre autres, la Lybie.

En six mois de conflit, la Ligue balkanique parvient à arracher la quasi-totalité des territoires européens de l'Est et se partage les régions libérées. L'Albanie est reconnue par les puissances européennes comme un État indépendant. Cependant, tous ne sont pas satisfaits de l'issue de la guerre : la Bulgarie n'a pas obtenu la part de territoire pris aux Turcs qu'elle était censée recevoir. Elle déclare alors la guerre à ses anciens alliés.

Cette deuxième guerre balkanique débute le 16 juin 1913. La Bulgarie, épuisée par la première guerre qui vient de s'achever, ne parvient pas à atteindre ses objectifs. La Roumanie entre à son tour dans le conflit, elle aussi dans le but d'obtenir un gain territorial, promis et non respecté cette fois par la Bulgarie. Quand les armées roumaines menacent Sophia, en juillet 1913, la Bulgarie capitule.

Josip Broz est encore dans l'armée lorsque la Première Guerre mondiale éclate. Il se bat quelques mois contre les Serbes avant d'être envoyé sur le front de l'Est, face à la Russie. En mai 1915, il est fait prisonnier par l'armée tsariste. Durant son emprisonnement, il est mis en contact avec l'idéologie bolchevique en pleine expansion à cette époque et participe activement à la Révolution russe en rejoignant la Garde rouge, un ensemble de groupes d'ouvriers armés luttant contre le pouvoir tsariste.

En 1920, il regagne enfin sa terre natale qui fait désormais partie d'un nouvel État : la Yougoslavie. Ce pays, instauré le 1er décembre 1918, rassemble les territoires slaves de l'ancien Empire austro-hongrois démantelé, ainsi que le royaume de Serbie. Son nom officiel est « Royaume des Serbes, Croates et Slovènes ». En effet, au sein de ce seul État cohabitent plusieurs nations.

L'ASCENSION D'UN ACTIVISTE COMMUNISTE

À peine revenu au pays, le futur Tito s'engage activement au sein du tout jeune Parti communiste de Yougoslavie (PCY), du moins jusqu'à ce que ce dernier soit interdit par le gouvernement, à partir de décembre 1920. Toutefois, Josip Broz ne cesse pas ses activités de militant, ce qui lui vaut d'être licencié de plusieurs de ses emplois.

En 1923, il est recontacté par un dirigeant du parti et en redevient un membre actif. En 1925, il le sert en tant que fonctionnaire politique, organisant l'action du parti du niveau local au niveau régional.

En 1928, des luttes internes divisant le PCY, Josip en appelle à Moscou et au Komintern, l'Internationale communiste (rassemblement des différents partis communistes favorables au régime soviétique), pour l'aider à en finir avec les différentes factions. Arrêté en août de cette année-là, il est accusé d'avoir préparé des attentats à la bombe et condamné à cinq ans de prison.

À sa sortie, Josip Broz retrouve le PCY dont le comité central s'est réfugié à Vienne, et s'engage également dans le Komintern. En 1934, il adopte alors le surnom de « Tito », un prénom courant d'origine croate.

Au fil des années et de plusieurs voyages en URSS, Tito se fait remarquer. Moscou le charge de réorganiser le PCY. Profitant des purges ordonnées par Staline (1878-1953), qui ont eu raison du leader de ce parti, Tito en prend officiellement la tête en janvier 1938.

Sa stratégie repose sur l'insurrection armée et sa vision est celle d'une Yougoslavie fédéraliste à l'image de l'URSS, qui seule pourrait résoudre les différends entre les nations qui la composent. Tito occupe toujours ce poste le 6 avril 1941, date de l'invasion de la Yougoslavie par l'Allemagne nazie.

CONTEXTE

LES BALKANS ENTRE 1914 ET 1941

Pour mieux comprendre les événements qui vont suivre, il est nécessaire de retracer l'évolution géopolitique de la péninsule balkanique depuis la fin des guerres de 1912 et 1913. En 1914, à la veille de la Première Guerre mondiale, l'Europe offre un paysage plus unifié qu'aujourd'hui, en particulier l'Europe centrale et orientale. En effet, les grands empires centraux, allemand et austro-hongrois, rassemblent en leur sein de vastes territoires (l'Allemagne actuelle, une partie du Danemark, une partie de la Pologne, l'Alsace et la Lorraine pour l'Empire allemand ; l'Autriche, la Hongrie, la République tchèque, la Slovaquie, la Slovénie, la Croatie, la Bosnie-Herzégovine, une partie de la Pologne, de la Roumanie et de la Serbie pour l'Empire austro-hongrois).

Les Balkans jouent un rôle très important dans le premier conflit mondial. C'est en effet à Sarajevo qu'à lieu l'événement déclencheur de la Grande Guerre, à savoir l'assassinat de l'héritier du trône impérial d'Autriche-Hongrie, l'archiduc François-Ferdinand (1863-1914). Cet attentat sert de prétexte à l'Empire pour déclarer la guerre au royaume de Serbie, tentant ainsi d'étendre son influence sur cette région convoitée d'Europe. Le système des alliances entraîne alors toute l'Europe, et avec elle le monde, dans le brasier de la guerre.

Au cours du conflit, des négociations ont lieu entre les puissances alliées (France, Royaume-Uni et Russie), l'Italie (encore neutre à ce moment-là) et des représentants serbes, croates et slovènes. À cette époque, la Croatie et la Slovénie ne sont encore que des provinces austro-hongroises. Les négociations aboutissent à la création, à la fin de la guerre et après la chute des empires centraux, du Royaume des Serbes, Croates et Slovènes. En 1929, le pays est rebaptisé « royaume de Yougoslavie » et comprend les actuels Slovénie, Croatie, Bosnie-Herzégovine, Serbie, Monténégro, Kosovo et Macédoine. En 1934, le roi Alexandre Ier (1888-1934) est assassiné à Marseille. Son fils aîné, Pierre II (dernier roi de Yougoslavie, 1923-1970), n'a alors que 11 ans. Le cousin de son père, Paul (1893-1976), est nommé régent, poste qu'il occupe encore pour quelques mois en avril 1941.

Un autre événement déterminant pour ce qui va suivre se joue également à la fin de la Première Guerre mondiale et dans l'entre-deux-guerres. À la fin de l'année 1917, en pleine guerre mondiale, les révolutions russes de février et octobre renversent le Tsar et placent les communistes au pouvoir. Une terrible guerre civile déchire alors la Russie jusqu'en 1923. Avant même la fin de celle-ci, l'URSS (Union des républiques socialistes soviétiques) est proclamée par Lénine (1870-1924). Le parti communiste, dont Staline est le secrétaire général, devient alors le seul parti légal.

Lénine meurt peu de temps après, en janvier 1924, et Staline s'impose face à ses rivaux. Il concentre le pouvoir entre ses mains et celles du parti, et influence les destinées des autres partis communistes nationaux, répartis à travers l'Europe et le monde.

L'INVASION DE LA YOUGOSLAVIE

Le 6 avril 1941, l'Allemagne envahit la Yougoslavie. Cette conquête n'était initialement pas prévue par les nazis. En effet, c'est suite à la tentative d'invasion de la Grèce par son allié italien, en octobre 1940, que le Führer se décide à intervenir dans les Balkans. La conquête italienne est un fiasco et l'Albanie, base de départ des armées italiennes, est alors en partie occupée par les forces grecques. Dans le but d'assurer son flanc sud et d'avoir les mains libres pour aider son allié italien, Adolf Hitler (1889-1945) obtient du régent Paul que son pays signe le pacte liant les puissances de l'Axe. Deux jours plus tard, un coup d'État militaire renverse le régent et le roi Pierre II, âgé de 17 ans, est installé sur le trône.

Si, dans un premier temps, l'accord avec l'Allemagne n'est pas dénoncé, les signataires de l'accord sont rapidement jetés en prison et Belgrade recherche le soutien politique et militaire de l'URSS. Sentant que la Yougoslavie va faire défection à son pacte, l'Allemagne décide de l'envahir. Le 6 avril, Belgrade est bombardée et les troupes allemandes franchissent la frontière. Il ne leur faudra que 11 jours pour venir à bout de l'armée yougoslave et obtenir la capitulation du pays. Celui-ci est ensuite démembré : les pays de l'Axe limitrophes (Hongrie, Bulgarie, Italie) annexent plusieurs régions, et deux gouvernements fidèles à l'Allemagne sont mis en place en Croatie et en Serbie.

Si les Allemands et leurs alliés ne rencontrent guère de difficulté en Yougoslavie dans un premier temps, tout bascule le 22 juin 1941. Ce jour-là, l'Axe déclenche l'invasion de l'URSS.

À partir de cet instant, le PCY, mené par Tito, se lance activement dans la lutte armée. Nommé chef d'état-major des forces partisanes par le comité central du parti, Tito va incarner durant toute la Seconde Guerre mondiale, avec ses Partisans (nom donné aux résistants communistes en Yougoslavie), la résistance yougoslave face à l'oppresseur allemand.

LA RÉSISTANCE COMMUNISTE

Le maréchal Tito (au premier plan à droite) lors de la Seconde Guerre mondiale, 1944.

Jusqu'à la fin de la Seconde Guerre mondiale, Tito et ses hommes mèneront une lutte acharnée contre les Allemands, les Italiens et les collaborateurs. Tito est nommé maréchal en 1943 et ne cesse de penser au futur de la Yougoslavie, alors qu'elle est à l'époque démembrée. Il veut en faire une république fédérative, seule configuration permettant la cohabitation des nombreuses nationalités rassemblées sur le territoire.

La guerre sera pour lui une opportunité de mettre ses idées en pratique. En novembre 1942, il réunit le Conseil antifasciste de libération nationale de Yougoslavie, assemblée regroupant 54 membres (représentants du PCY et d'autres partis, religieux musulmans ou orthodoxes par exemple). Cette entité fait office de parlement pour les régions libérées du joug allemand.

Dans le même temps est créé un comité exécutif jouant le rôle d'un gouvernement provisoire, à titre purement officieux. En effet, Tito et ses Partisans suivent alors officiellement la ligne de Moscou, qui continue de reconnaître le gouvernement royal en exil à Londres.

Un an plus tard, suite au succès de la résistance communiste yougoslave, les Partisans proclament la mise sur pied du Comité de libération nationale en Yougoslavie. Celui-ci se présente comme seul gouvernement légitime en Yougoslavie, récusant donc celui de Londres. Staline désapprouve, mais les Alliés soutiennent le Comité de libération nationale et contraignent le gouvernement royal à collaborer avec lui. En effet, la résistance communiste yougoslave est très efficace et représente une réelle épine dans le pied allemand. Tito est bien évidemment nommé Premier Ministre du nouveau gouvernement.

lutte sans merci. L'immense majorité des Tchetniks meurt dans des combats avec les Partisans ou dans les répressions qui ont suivi la fin de la guerre.

En juin 1944, le traité de Vis (du nom d'une île de la mer Adriatique) est signé entre Tito et le représentant du gouvernement yougoslave en exil. Le futur de la Yougoslavie y est inscrit : une fois celle-ci libérée, un gouvernement intérimaire sera mis en place. Les Partisans recevront la majeure partie des pouvoirs tandis que les membres du gouvernement royal recevront, entre autres, les affaires étrangères. Une nouvelle Yougoslavie, démocrate et fédérale, sera alors érigée, mais son régime politique (république ou monarchie parlementaire) n'est pas encore arrêté. La décision finale reviendra au peuple.

EN ROUTE VERS LA VICTOIRE

Sur le plan militaire, la situation dans les Balkans tourne à la catastrophe pour les Allemands dans la seconde partie de l'année 1944. En août, la Roumanie quitte l'Axe suite à un coup d'État qui met le jeune roi Michel Ier (né en 1921) au pouvoir. L'armée roumaine rejoint les rangs de l'Armée rouge et combat les Allemands en Roumanie, en Hongrie et en Tchécoslovaquie. Le 10 septembre, la Bulgarie rejoint à son tour le camp des Alliés. Tito signe un accord avec les Bulgares pour que ceux-ci, une fois leur territoire libéré par l'Armée rouge, envoient leurs forces en Macédoine afin de bloquer les troupes allemandes encore stationnées en Grèce. Une fois cette tâche effectuée et la Macédoine libérée, l'armée bulgare, avec les forces soviétiques, libère le Sud et l'Est de la Serbie en remontant vers la Hongrie. Le 19 septembre, les partisans de Tito font leur jonction avec l'Armée rouge. Le 12 septembre 1944, le roi Pierre II appelle le peuple yougoslave à se ranger du côté de Tito ; ceux qui refuseraient seraient considérés comme des traîtres.

Le roi Pierre II en 1944.

Tito est alors reconnu par l'ensemble des autorités alliées comme le commandant en chef des forces armées yougoslaves. Les Partisans et l'Armée rouge se lancent à la conquête de Belgrade. La ville tombe le 20 octobre. Les Allemands réorganisent leur défense en Croatie, où le gouvernement leur est encore fidèle, et dans l'Est de la Serbie. Les Partisans, peu entraînés à la guerre conventionnelle, rencontrent des difficultés à combattre les Allemands en terrain ouvert. La situation se stabilise durant l'hiver 1944-1945. Le 20 mars 1945, les Yougoslaves lancent une offensive générale contre ce qu'il reste de l'ennemi. À ce moment, l'armée allemande est en déroute, la fin de la guerre approche et tout le monde le ressent. L'armée croate, à court de munitions, se dirige vers le nord dans l'espoir de se rendre aux Britanniques en Autriche (il semble préférable de se rendre aux Alliés occidentaux plutôt qu'aux Soviétiques). L'armée allemande, à court d'approvisionnement, est alors en cours de désintégration.

En quelques semaines, les Partisans de Tito libèrent la Bosnie, la Croatie et la Slovénie. Sarajevo tombe le 6 avril. Les troupes de Tito devancent les Alliés en prenant Trieste, en territoire italien, le 1er mai. Zagreb est évacué par les Allemands le 7 mai, Ljubljana est prise le 9. Ce même jour, le commandant en chef du groupe d'armées allemand, regroupant les unités situées dans les Balkans, signe la reddition sans condition de ses troupes. Des combats ont encore lieu la semaine suivante entre les Partisans et d'anciens soldats yougoslaves (Croates, Slovènes, Serbes...) qui ont combattu pour les régimes instaurés par l'occupant nazi.

TEMPS FORTS

LES COMMUNISTES PRENNENT LE POUVOIR

Avant même la capitulation allemande de mai 1945, l'après-guerre s'installe en Yougoslavie. Le 7 mars 1945, Tito prend la tête du gouvernement provisoire prévu par le traité de Vis de 1944. Celui-ci doit préparer pour novembre 1945 les élections qui décideront de l'avenir du pays. Les quelques mois de mars à novembre permettent à Tito d'asseoir le pouvoir du parti communiste yougoslave sur la Yougoslavie fraîchement libérée. Il peut compter pour cela sur la présence de l'Armée rouge soviétique autorisée à pénétrer temporairement sur le territoire yougoslave, dans le cadre d'un accord signé par Tito en septembre 1944. Les adversaires des communistes sont progressivement éliminés, ce qui permet au PCY d'obtenir plus de 90 % des voix lors des élections de novembre 1945. Le 29 novembre, la République fédérative populaire de Yougoslavie est proclamée. La monarchie cesse d'exister dans le pays et tous les biens de la royauté sont saisis. Le roi Pierre II refuse toutefois d'abdiquer et s'exile aux États-Unis.

Le 31 janvier 1946, la nouvelle constitution yougoslave entre en vigueur. Tito est confirmé en tant que maréchal, chef du gouvernement et secrétaire général du parti communiste yougoslave. La nouvelle République fédérative comprend six républiques populaires (Croatie, Bosnie-Herzégovine, Serbie, Slovénie, Macédoine et Monténégro) et deux provinces autonomes, le Kosovo et la Voïvodine, rattachées à la République serbe.

La République fédérative populaire de Yougoslavie

Chacune des républiques obtient l'autonomie en matière linguistique, mais c'est à peu près tout : le pouvoir réel demeure entre les mains du PCY. La nationalisation touche l'industrie, les banques, les assurances, le transport. Rapidement, les communistes font également la chasse aux collaborateurs. Plusieurs dizaines de milliers d'entre eux sont exécutés dans les deux ans suivant l'arrivée au pouvoir de Tito, qu'ils soient croates, slovènes, serbes ou hongrois.

La nouvelle République yougoslave en finit avec la supério-rité serbe qui était de mise au sein de l'ancien royaume yougoslave. Avec l'avènement de Tito, l'égalité est proclamée entre tous les peuples présents au sein du pays, et la nationalité macédonienne est reconnue pour la première fois. En revanche, les Albanais du Kosovo, pourtant en majorité dans leur province et plus nombreux que les Monténégrins ou les Macédoniens, n'ont droit qu'au statut de « minorité ».

TITO ROMPT AVEC STALINE

La Yougoslavie de l'après-Seconde Guerre mondiale est bien plus en position de force que n'importe quel pays du bloc de l'Est. En effet, il s'agit du seul pays communiste à s'être libéré par lui-même de l'envahisseur nazi, avec seulement un léger soutien de l'Armée rouge. Cela permet à la Yougoslavie de ne pas devenir un État satellite de l'URSS, mais bien de garder son indépendance à tous les niveaux, au point de déplaire à Staline.

Grâce à la libération des pays d'Europe de l'Est et centrale par l'Armée rouge et à la mise en place de régimes communistes dans ces pays (Pologne, Roumanie, Bulgarie, Tchécoslovaquie, etc.), l'influence communiste s'étend. Staline ressent le besoin de coordonner et de contrôler les partis communistes au pouvoir dans les pays satellites de l'URSS, ainsi que dans les pays occidentaux (France, Italie, etc.) Ainsi est créé, en octobre 1947, le Kominform (Bureau d'information des partis communistes et ouvriers). Le but officiel de ce dernier est d'organiser et de centraliser le mouvement communiste, sans toutefois inclure les partis de pays non européens tels que ceux de la Chine et du Vietnam.

Malgré cela, Tito, grâce au prestige et à la légitimité acquis durant la Seconde Guerre mondiale, peut se permettre de résister à l'influence soviétique et de mener sa propre politique. Ainsi, il entreprend de créer une fédération balkanique qui regrouperait, outre la Yougoslavie, la Bulgarie et la Roumanie. De plus, il organise le PCY sur un mode décentralisé dans les différentes républiques, à l'encontre de la vision centralisée portée par Staline.

La rupture entre Tito et Staline éclate au printemps 1948. Étant donné la place de ces hommes au sein de leurs États respectifs, elle équivaut à une rupture entre la Yougoslavie et l'URSS. Par lettres interposées, les partis communistes soviétique (PCUS) et yougoslave (PCY), qui ont pour secrétaires généraux Staline et Tito, se critiquent mutuellement. Le 27 mars 1948, le parti soviétique accuse son pendant yougoslave de remettre en cause le socialisme soviétique et, notamment, d'avoir perdu son caractère révolutionnaire. Le PCUS critique aussi le système politique yougoslave qui manquerait de démocratie en ne s'investissant pas suffisamment dans la lutte des classes.

Le PCY répond le 13 avril en tentant à la fois de rassurer les Soviétiques – il rappelle que l'URSS est toujours un modèle – et de s'imposer, affirmant que l'amour porté à l'URSS ne pourra jamais dépasser l'amour porté par les Yougoslaves à leur propre patrie. En réaction, le 4 mai, le PCUS renvoie une lettre reprochant au PCY de ne pas reconnaître ni corriger ses erreurs, de surestimer son rôle dans la victoire contre les Allemands et de diminuer, par conséquent, le rôle joué par l'Armée rouge. Dans une dernière lettre, envoyée le 17 mai, les Yougoslaves s'insurgent contre la diminution des mérites accordés à la résistance yougoslave. Tito refuse de se rendre à la réunion du Kominform du 28 juin 1948. Lors de celle-ci, le PCY est exclu du Kominform. Ce dernier exprime la volonté de l'URSS qui espère qu'un coup de force fera tomber Tito et qu'un régime communiste plus proche de la ligne de Moscou s'installera. Mais Tito se maintient en place et les cadres du PCY trop proches de Staline sont internés. Le « titisme », fait d'être proche de Tito ou de ses idées, devient un motif d'accusation permettant à des leaders communistes des pays du bloc de l'Est (Hongrie, Bulgarie, Pologne...) de se débarrasser de rivaux politiques. La Yougoslavie devient le paria des États communistes.

Durant la rupture, la Yougoslavie et Tito se sont tournés vers l'Ouest. Ils ont reçu un important soutien des Occidentaux, heureux de voir un morceau du bloc de l'Est se détacher de l'influence soviétique. En plus d'offrir leur soutien matériel et financier, les Occidentaux tentent de renforcer leurs liens politiques avec la Yougoslavie. C'est ainsi qu'est signé, en 1953, quelques jours avant la mort de Staline, un accord d'amitié et de coopération entre la Turquie, la Grèce (deux pays membres de l'OTAN) et la Yougoslavie, accord qui prévoit notamment une clause de défense mutuelle en cas d'agression. Toutefois, ce traité tombe rapidement en désuétude après la mort de Staline et le réchauffement des relations entre la Yougoslavie et l'URSS. En effet, à ce moment précis de son histoire, Tito doit choisir entre deux solutions opposées : soit il se tourne vers l'Ouest en se rapprochant des systèmes économiques et politiques mis en place en Europe et en Amérique du Nord (et renonce ainsi au système à parti unique), soit il mise sur une réconciliation avec l'URSS, maintenant que son principal opposant n'est plus. Tito opte pour la seconde alternative. Il faut cependant attendre 1955, soit deux ans après la mort de Staline, pour que l'URSS et la Yougoslavie se réconcilient, sans pour autant que cette dernière accepte de se soumettre à Moscou et de rejoindre le bloc de l'Est.

LE MOUVEMENT DES NON-ALIGNÉS

Les débuts de la guerre froide à la fin des années 1940 encouragent de nombreux pays à prendre leurs distances avec les deux blocs en création à l'Ouest et à l'Est. Dès la fin de la Seconde Guerre mondiale débute aussi le processus de décolonisation (l'Inde et le Pakistan obtiennent leur indépendance en 1947, Ceylan et la Birmanie en 1948). Dans ce contexte, de nouveaux pays (ou de potentiels futurs États indépendants) cherchent à se regrouper afin de se détacher de leurs colonisateurs (ou anciens colonisateurs). En 1952, le démographe français Alfred Sauvy (1898-1990) utilise pour la première fois l'expression « tiers-monde » qui, selon une de ses acceptions, peut désigner une « troisième voie » entre celle des nations occidentales et celle du bloc de l'Est.

En 1955, une première conférence réunit à Bandung une trentaine de chefs d'État d'Afrique et d'Asie. Cette réunion a deux objectifs :

- permettre aux pays qui ne souhaitent pas s'intégrer dans le système bipolaire de donner de la voix ;
- encourager et accélérer le mouvement de décolonisation, de manière pacifique.

La paix est en effet un élément fort de ce mouvement, qui prône la coexistence pacifique.

Tito est particulièrement intéressé par la doctrine du non-alignement et se rapproche des dirigeants égyptien et indien, Nasser (1918-1970) et Nehru (1889-1964). Il les rencontre en 1956 dans sa résidence d'été située sur l'île de Brioni, dans la mer Adriatique. Ensemble, ils organisent le mouvement des non-alignés, dont la première conférence a lieu en septembre 1961 à Belgrade, ce qui démontre l'importance du rôle joué par Tito. Il prend d'ailleurs la tête du mouvement entre 1961 et 1964 en occupant le poste de secrétaire général. La place de la Yougoslavie dans cette organisation est une protection contre l'hégémonisme soviétique. Par ailleurs, entre Bandung et Belgrade, on note que la posture antioccidentale, que l'on retrouvait dans certains discours en 1955, a cédé la place à une plus stricte neutralité.

POLITIQUE INTÉRIEURE ET ÉCONOMIE

La rupture avec l'URSS n'est pas seulement politique ; elle est également économique. Dans la Yougoslavie de Tito, les entreprises ne sont ni étatisées (comme dans le modèle soviétique) ni privatisées (comme dans le modèle occidental), mais bien autogérées. En théorie, le monde ouvrier, via des conseils représentatifs, gère lui-même les usines, l'État fédéral n'ayant aucune prise directe sur le monde industriel. Dans l'ensemble, la politique économique de Tito se révèle plus efficace que celle observée dans les autres pays communistes. Le niveau de vie en Yougoslavie est nettement supérieur à celui des « pays frères ». À partir de 1965, on remarque même une ouverture vers l'Occident avec un accroissement du commerce extérieur et des investissements étrangers en Yougoslavie. Mais les inconvénients du libéralisme économiques (inégalités, chômage) commencent également à se faire sentir.

Cette ouverture sur le monde occidental n'est pas sans poser d'autres problèmes. Ainsi, des inégalités et des différends entre les diverses républiques refont surface alors qu'ils avaient été mis en sommeil par la politique intérieure de Tito, lequel laissait une grande part d'autonomie aux entités fédérées (avec l'espoir que le modèle communiste effacerait leurs différences). Avec l'arrivée d'importants capitaux étrangers, la perspective d'en obtenir encore davantage et les inégalités quant aux partages des richesses, chaque entité a un motif pour se plaindre du système. Devant cette situation, Tito cherche à diviser pour mieux régner. Dès sa prise de pouvoir, il avait cherché à équilibrer les forces en présence en affaiblissant les puissantes Républiques serbe et croate en créant les Républiques slovène, bosniaque, macédonienne et monténégrine, ainsi que les provinces autonomes de Voïvodine (à majorité hongroise) et du Kosovo (à majorité albanaise). En 1969, il persévère en reconnaissant la nation musulmane (qui représente 40 % de la population bosniaque) comme partie intégrante de la République yougoslave.

Dès le début de la décennie 1970, Tito prédit que la République yougoslave ne survivra pas à sa disparition. Avec cette idée en tête, et pour limiter les dégâts, il modifie la constitution en 1974, décentralisant encore plus la fédération. Désormais, l'État fédéral ne se concentre plus que sur quelques compétences résiduelles (défense, affaires étrangères, économie, finances), sur lesquelles les États fédérés gardent cependant un droit de regard, alors que les autres compétences deviennent entièrement l'apanage de ces derniers. De plus, Tito détache les régions du Kosovo et de Voïvodine de la République serbe, dont elles n'étaient que des provinces (avec cependant un degré élevé d'autonomie).

RÉPERCUSSIONS

LA SECONDE BALKANISATION

Avec la disparition de Tito le 4 mai 1980 (à l'âge de 87 ans), la Yougoslavie perd l'élément fort et centralisateur de son système fédératif.

Après sa mort, le poste de chef de l'État est occupé de manière tournante par les dirigeants des six républiques. Il en va de même pour le PCY, dont Tito assumait également le poste de secrétaire général. Sans pouvoir exécutif fort, les décisions se prennent de plus en plus lentement, ce qui crée des tensions. De plus, les provinces autonomes étant exclues du pouvoir, des tensions communautaires éclatent au Kosovo, où la population albanaise revendique un statut de république.

La situation économique s'aggrave également à la fin des années 1980. Ce terreau est fertile pour l'arrivée de courants nationalistes.

En 1986, Slobodan Milošević accède au poste de dirigeant de la Ligue des communistes de Serbie.

Slobodan Milošević dans les années 1980.

Nationaliste convaincu, il critique le système yougoslave et milite pour le statut des minorités serbes au Kosovo, mais également en Croatie et en Bosnie-Herzégovine. Le parlement serbe vote la réintégration au sein de la Serbie des provinces autonomes de Voïvodine et du Kosovo. L'appareil central communiste yougoslave se disloque et des appels à la démocratisation se répandent dans plusieurs républiques. En janvier 1990, les dissensions entre les différentes ligues communistes font éclater la Ligue des communistes de Yougoslavie. L'échelon fédéral du parti communiste yougoslave disparaît alors.

Durant les mois suivants, des élections libres ont lieu dans plusieurs républiques et voient des partis démocratiques prendre le pouvoir en Slovénie, en Croatie et en Bosnie. Le 25 juin 1991, la Slovénie et la Croatie déclarent leur indépendance. Grâce à une médiation de la Communauté européenne, la Slovénie sort rapidement de la République yougoslave, après une dizaine de jours d'affrontements avec l'armée yougoslave.

LES GUERRES DE YOUGOSLAVIE

Mais la situation est tout autre en Croatie. Depuis la mise en place d'un nouveau gouvernement en mai 1990, la minorité serbe de Croatie craint pour sa situation. Alors qu'ils étaient surreprésentés dans l'administration du régime communiste, les Serbes commencent à être remplacés par des Croates. En décembre 1990, ils sont officiellement déclarés comme « minorité » en Croatie. La violence s'installe : des attentats à la bombe ainsi que des attaques de la police croate sont orchestrés par les Serbes de Croatie. Après la déclaration d'indépendance du 25 juin 1991, l'armée fédérale dont Milošević a pris le commandement, composée en grande partie d'éléments serbes, se masse à la frontière croate. En août, les combats éclatent. L'armée yougoslave tente de reprendre le contrôle de la Croatie par la force. La guerre de Croatie dure jusqu'en 1995. L'ONU envoie une force d'interposition et encourage le dialogue entre les belligérants. Au final, la Croatie remporte la guerre en parvenant à garder l'ensemble de ses territoires.

Parallèlement à ce conflit, une autre république yougoslave connaît un destin sanglant : la Bosnie-Herzégovine. Ce territoire est le plus divisé culturellement. En effet, au début des années 1990, les Bosniaques (musulmans de Bosnie) représentent 45 % de la population, les Serbes 31 % et les Croates 17 %. La majorité de la population (les Bosniaques et les Croates) souhaite que le pays quitte la République yougoslave alors que les Serbes veulent y rester. Un référendum est organisé ; 99 % des voix sont en faveur de l'indépendance. Mais ce scrutin est boycotté par les Serbes qui refusent le résultat. L'indépendance est toutefois proclamée le 3 mars 1992. Un mois plus tard débute le siège de Sarajevo, le plus long de l'histoire récente, qui durera jusqu'à la fin de la guerre, en 1995. Ce conflit est d'une violence telle qu'on n'en avait plus vu en Europe depuis la fin de la Seconde Guerre mondiale – en particulier concernant les violences faites aux populations civiles, qui sont régulièrement la cible des belligérants.

En 1999, Slobodan Milošević entreprend de chasser les Albanais de la province du Kosovo et d'y rétablir une suprématie serbe. La violence qui s'installe amène à une opération de l'OTAN débouchant sur le bombardement des objectifs situés en territoire serbe, y compris Belgrade. Après plusieurs mois de frappes, la Serbie se retire du Kosovo. Des négociations débutent au sujet du statut de cette province. Celles-ci conduisent en 2008 à l'indépendance du Kosovo, contestée notamment par la Serbie.

Avec les indépendances de la Slovénie, de la Croatie, de la Bosnie-Herzégovine et de la Macédoine (devenue indépendante en 1991 sans avoir à se battre), la Yougoslavie n'est plus que l'ombre d'elle-même. La Serbie et le Monténégro, les deux dernières entités yougoslaves, décident de maintenir ensemble l'État fédéral en adoptant la dénomination de « République fédérale de Yougoslavie », au lieu « République fédérative socialiste de Yougoslavie ». Cependant, une résolution du Conseil de sécurité des Nations Unies de 1992 recommande à l'Assemblée générale de l'ONU de ne pas reconnaître cette nouvelle autorité comme héritière de l'ancienne Yougoslavie. Il faut attendre 2003 pour qu'un nouveau changement de nom marque la fin de l'utilisation du terme de « Yougoslavie », le pays étant alors renommé « Communauté d'États Serbie-et-Monténégro ». En 2006, le Monténégro prend ses distances avec la Serbie en optant pour l'indépendance : la Yougoslavie de Tito a bel et bien disparu.

EN RÉSUMÉ

- Josip Broz naît le 7 mai 1892 dans l'actuelle Croatie.
- Capturé par les Russes durant la Première Guerre mondiale, il est mis en contact avec les idées communistes. Il combat avec les bolcheviques durant la révolution russe et devient actif au sein du parti communiste de Yougoslavie.
- Il adopte le surnom de Tito en 1934, organise la résistance communiste en Yougoslavie avec ses Partisans et se hisse au pouvoir à la fin de la Seconde Guerre mondiale. Il façonne alors les structures internes de la Yougoslavie en six républiques et deux provinces autonomes.
- En 1948, on assiste à une rupture des relations entre Tito et Staline, entre la Yougoslavie et l'URSS. Cofondateur du mouvement des non-alignés, Tito milite pour une « troisième voie » entre celles des blocs de l'Ouest et de l'Est.
- La Yougoslavie s'ouvre vers l'Ouest et accroît ses échanges de toutes natures avec l'Europe de l'Ouest. À partir de 1970, en prévision de sa disparition, Tito met en place un processus de décentralisation et de « confédéralisation ». Il meurt le 4 mai 1980, à l'âge de 87 ans.
- Les tensions entre les différentes Républiques yougoslaves s'accroissent au cours de la décennie 1980. La Slovénie, la Croatie et la Macédoine proclament leur indépendance en 1991, la Bosnie-Herzégovine en 1992.
- Au total, quatre guerres déchirent la Yougoslavie entre 1991 et 1999. Une force d'interposition de l'ONU est déployée entre 1992 et 1995, et une opération de l'OTAN est lancée contre la Serbie afin de mettre fin au « nettoyage

ethnique » mené par cette dernière au Kosovo.

- En 2006, le Monténégro déclare son indépendance vis-à-vis de la Serbie. En 2008, le Kosovo proclame à son tour son indépendance. Des huit entités formant autrefois la Yougoslavie de Tito (républiques et provinces autonomes), sept sont désormais indépendantes.

POUR ALLER PLUS LOIN

SOURCES BIBLIOGRAPHIQUES

- AUTY (Phyllis), *Tito. A biography*, Harmondsworth, Penguin books, 1974.
- BOSC (Louis), *La Yougoslavie : avant et après la désagrégation*, Paris, Hachette, 1996.
- BROSSARD (Yves) et VIDAL (Jonathan), *L'éclatement de la Yougoslavie de Tito (1980-1995)*, Laval/Paris, Presses de l'Université Laval/L'Harmattan, 2001.
- CANAPA (Marie-Paule), *La Yougoslavie*, Paris, PUF, 1980.
- JUDT (Tony), *Après-Guerre : Une histoire de L'Europe depuis 1945*, Paris, Fayard/Pluriel, 2010.
- VEYRIER (Marcel), *Tito et la Révolution*, Paris, Julliard, 1974.

SOURCES ICONOGRAPHIQUES

- Tito en 1961. L'image reproduite est réputée libre de droits.
- Le maréchal Tito lors de la Seconde Guerre mondiale, 1944. L'image reproduite est réputée libre de droits.
- Le roi Pierre II en 1944. L'image reproduite est réputée libre de droits.
- Slobodan Milošević dans les années 1980. L'image reproduite est réputée libre de droits.

FILMS DOCUMENTAIRES

- *Notre camarade Tito*, film de Robin Hunzinger, France, 2010.

- *L'empreinte de Tito*, film de Mira Erdivicki, Finlande, 2007.

LITTÉRATURE

- Cava (Felipe H.) et Seguí (Bartolomé), *Les Racines du chaos* (trois tomes), trad. Anne-Marie Ruiz, Paris, Dargaud, 2011-2015 (bande dessinée).

BÂTIMENTS COMMÉMORATIFS

- Un certain nombre de statues de Tito ont été érigées de par le monde, principalement après sa mort. Une des plus fameuses est celle située à proximité de son mausolée, à Belgrade.
- Après la Seconde Guerre mondiale, trois villes ou villages ayant joué un rôle important pour le mouvement des Partisans ont eu le privilège de voir associé à leur nom un adjectif issu du nom de Tito, tandis que la capitale du Monténégro était renommée en « Titograd ». Après la mort du maréchal, quatre autres noms de ville ont été modifiés pour devenir « titistes ». Ces localités ont été choisies de telle sorte qu'on en trouve une dans chacune des six Républiques yougoslaves et des deux provinces autonomes. Avec l'éclatement de la Yougoslavie dans les années 1990, toutes ces villes ont été renommées, la dernière à retrouver son nom d'origine fut la cité croate de Korenica, en 1997.
- De nombreuses routes ou places à travers le monde portent aussi le nom de Tito.
- La plus haute montagne de la chaîne des monts Šar, à cheval entre la Serbie, le Kosovo, la Macédoine et

l'Albanie, est le mont Tito, qui culmine à 2 747 mètres.
- Un astéroïde, découvert par un astronome serbe en 1937, porte également son nom.

Votre avis nous intéresse !
Laissez un commentaire sur le site de votre librairie en ligne
et partagez vos coups de cœur sur les réseaux sociaux !

Éditeur responsable : Lemaitre Publishing
Avenue de la Couronne 382 | BE-1050 Bruxelles
info@lemaitre-editions.com

ISBN ebook : 978-2-8062-9485-2
ISBN papier : 978-2-8062-9486-9
Dépôt légal : D/2017/12603/133
Photo de couverture : © Digital Library of Slovenia

Conception numérique : Primento,
le partenaire numérique des éditeurs.